BILBO

JEUNESSE

Collection dirigée par
Marie-Josée Lacharité

Où sont passés les **zippopos**?

De la même auteure chez Québec Amérique

Jeunesse

SÉRIE BABETTE

Les Marionnettes de Babette, coll. Mini-Bilbo, 2008.

Les Petites Couettes de Babette, coll. Mini-Bilbo, 2006.

Les Cacahouettes de Babette, coll. Mini-Bilbo, 2006.

SÉRIE PING

Les Impatiences de Ping, coll. Gulliver, 2005.

- **Prix littéraire Le Droit 2006 dans la catégorie jeunesse.**

Ping-Pong contre Tête-de-Navet, coll. Bilbo, 2003.

- **Prix littéraire Le Droit 2005 dans la catégorie jeunesse.**

La Disparition du bébé chocolat, coll. Gulliver, 2004.

Où sont passés les **zippopos**?

ANDRÉE POULIN

ILLUSTRATIONS : BENOÎT LAVERDIÈRE

QUÉBEC AMÉRIQUE jeunesse

Catalogage avant publication de Bibliothèque et Archives nationales du Québec et Bibliothèque et Archives Canada

Poulin, Andrée
Où sont passés les zippopos?
(Bilbo ; 138)
ISBN 978-2-7644-0666-3
I. Titre. II. Collection: Bilbo jeunesse ; 138.
PS8581.O837O9 2009 jC843'.54 C2008-942222-8
PS9581.O837O9 2009

Conseil des Arts du Canada Canada Council for the Arts

SODEC Québec

Nous reconnaissons l'aide financière du gouvernement du Canada par l'entremise du Programme d'aide au développement de l'industrie de l'édition (PADIÉ) pour nos activités d'édition.

Gouvernement du Québec – Programme de crédit d'impôt pour l'édition de livres – Gestion SODEC.

Les Éditions Québec Amérique bénéficient du programme de subvention globale du Conseil des Arts du Canada. Elles tiennent également à remercier la SODEC pour son appui financier.

Québec Amérique
329, rue de la Commune Ouest, 3e étage
Montréal (Québec) H2Y 2E1
Téléphone : 514 499-3000, télécopieur : 514 499-3010

Dépôt légal : 1er trimestre 2009
Bibliothèque nationale du Québec
Bibliothèque nationale du Canada

Révision linguistique : Diane-Monique Daviau et Chantale Landry
Mise en pages : Salah Amrane
Conception graphique : Célia Provencher-Galarneau

Imprimé au Canada

Aux habitants de Sanankoroba, Mali, qui nous ont donné une formidable leçon d'empathie, lors de la tempête de verglas de 1998 au Québec.

Remerciements

Merci à tous ceux qui m'ont aidée à mieux comprendre le Mali, sa culture, ses habitants. Pour les clarifications, explications et anecdotes, mille mercis à : Bernard Bohmert, Laurent et Adrienne Coulibaly, Darquis Gagné, Claude Gilles, Moussa Konaté, Wassala Nimaga, Ghislaine Poirier et Monique Trottier.

Pour leurs commentaires et suggestions sur mon manuscrit, un grand merci aux élèves des écoles suivantes :

— Classe de Diane Barbeau, de l'école Rapides-des-Chênes, à Aylmer.

— Classe de France Bouchard, de l'école Élisabeth-Bruyère, à Kanata.

— Classe de Guylaine Robichaud, de l'école Forest Valley, à Orléans.

1

Au pays des zippopos

Après dix-huit heures, trois avions, trois escales, trois siestes, quatre repas et six collations, Luca Landry débarque enfin en Afrique. Lorsqu'il pose les pieds sur le sol de Bamako, Luca se tourne vers ses parents et s'exclame :

— Je suis au pays des zippopos. J'en verrai bientôt !

— Ouais, répond distraitement sa mère, Anne Landry, en s'épongeant le front. J'ai l'impression d'entrer dans un four.

— Ouais, ce n'est pas ici qu'on va se faire des engelures, répond Louis, son père.

— Louis ! s'écrie alors une voix d'homme.

Luca se retourne et aperçoit un Africain qui s'avance vers eux, les bras tendus. Il a une barbichette blanche taillée en pointe de tarte.

— Zoumana ! s'exclame son père.

Les deux hommes se serrent la main avec enthousiasme.

— Je vous présente Zoumana Traoré, le chef du village de Sanankoroba, annonce Louis Landry.

L'Africain pose un chapeau de paille sur la tête de Luca.

— Bienvenue au Mali ! Sais-tu que, pour les gens de mon village, ton papa est un bâtisseur respecté ? Nous sommes ravis qu'il revienne travailler avec nous cet été.

Avec l'aide de Zoumana, les Landry réussissent à entasser leurs nombreuses valises dans la voiture tout-terrain.

— Vous devez être fatigués, alors nous irons tout de suite au village, explique le chef. Vous visiterez la capitale plus tard.

Assis dans la voiture, Luca écarquille les yeux à la vue du tohu-bohu qui règne autour. Il s'étonne devant:

- Les femmes vêtues de robes multicolores qui vendent des mangues au coin des rues.
- Les hommes qui pédalent avec une demi-douzaine de poulets vivants accrochés à leurs guidons.
- Les ânes qui tirent des charrettes remplies d'énormes chargements de bois.

Arrivée à la campagne, la voiture avance lentement sur la route cahoteuse. Zoumana s'arrête souvent pour laisser les ânes traverser la route. Tout à coup, Louis pointe le doigt vers un champ à sa droite :

— Regardez le zébu !

Luca pouffe de rire. Ce bœuf bossu a une allure bien plus comique que les vaches Holstein de son père. Il se tourne vers Anne et lui confie :

— Les zébus sont rigolos mais moi, je suis venu pour voir les zippopos.

— Je sais, mon Lulu, je sais… répond sa mère.

Quand la famille Landry arrive à Sanankoroba, le soleil disparaît sous la ligne d'horizon. Postés le long de la route, à l'entrée du village, les baobabs bedonnants ressemblent à des géants au garde-à-vous. Zoumana arrête le véhicule devant une maisonnette ronde de couleur marron.

— Voici la Case de l'Amitié, votre maison pour l'été, annonce le chef.

Luca saute de la voiture et entre dans la case, éclairée par la flamme clignotante d'une lampe-tempête.

— Il n'y a pas d'électricité ici? demande-t-il, tout étonné.

— Non. Tu es donc « libéré » de la télé et de l'ordinateur pour six semaines ! répond son père avec un large sourire.

Anne Landry bâille à s'en décrocher la mâchoire.

— Je suis crevée. Au lit !

Luca ne proteste pas. Il a envie d'explorer le village, mais ses paupières tombent de fatigue. De son sac à dos, il sort son livre sur les zippopos, si souvent feuilleté que la page couverture tombe en morceaux. Il glisse le bouquin sous son oreiller et rabat le voile moustiquaire autour de lui. En posant la tête sur l'oreiller, il chuchote, pour lui tout seul : « À bientôt, les zippopos... » Trente secondes plus tard, il ronfle aussi fort qu'un rhinocéros enrhumé.

2

Sur la trace des zippopos

Au petit matin, le coq *cocoricote* avant même que le soleil se lève. Puis deux ânes se mettent à braire. Réveillé par cette chorale animale, Luca ouvre un œil et aperçoit le toit de tôle au-dessus de sa tête. Où se trouve-t-il donc ? Mais oui, se souvient-il tout à coup, au pays des zippopos ! D'étranges cognements résonnent à l'extérieur. Clac-clac-clac ! Qui fait tant de bruit en cette heure si matinale ? Luca se précipite dehors.

Installées en cercle, une dizaine de femmes frappent dans des mortiers avec de longs pilons de bois. Trois d'entre elles portent un bébé retenu sur leur dos par un pan de tissu.

— Qu'est-ce qu'elles font ? demande Luca à son père, pas tout à fait réveillé.

— Elles pilent les grains de mil pour en faire de la farine.

La mère de Luca les rejoint devant la case.

— Comme elles travaillent fort ! Et vite ! dit-elle, impressionnée.

— Cette farine va leur servir à cuisiner la bouillie de la journée, précise Louis.

Mais Luca n'écoute plus.

— On va voir les zippopos aujourd'hui ?

Louis sourit.

— Il n'y en a pas à Sanankoroba. Il faut aller près du fleuve Niger pour les observer.

— Alors, allons-y ! s'exclame le garçon en tirant sur le bras de son père.

— Minute, fiston ! Tu oublies que je suis ici pour aider à construire une école. Il faut que je travaille un peu avant de jouer au touriste.

Luca pousse un soupir de déception.

— Profites-en pour explorer Sanankoroba, suggère son père.

— Pas tout seul. Il pourrait se perdre, proteste Anne.

— Impossible. Le village est trop petit, répond Louis.

Luca avale en vitesse une banane et s'apprête à partir lorsque sa mère l'attrape par la manche de son t-shirt.

— Minute, mon Lulu ! Ta crème solaire!

— Arrête de m'appeler Lulu ! grogne Luca en s'enduisant rapidement le visage de crème.

Le garçon déteste cette lotion épaisse qui sent la noix de coco. Sa mère lui enfonce sa casquette sur la tête.

— Tu peux y aller, maintenant... mon Lulu !

En se promenant dans Sanankoroba, Luca fait attention où il met les pieds. Comme les poules et les chèvres courent en liberté, elles laissent des « cadeaux » partout. Luca examine attentivement les minuscules maisons. Il s'étonne que des familles entières vivent dans ces huttes de terre pas plus grandes que son salon.

Au bout de quelques minutes, deux fillettes à la tête couverte de fines tresses se mettent à le suivre en criant : « Toubabouni ! Toubabouni ! » Même s'il ne parle pas le bambara, Luca a l'impression qu'elles lui disent une insulte. Pour s'éloigner des deux moqueuses, il s'engage dans un sentier qui le mène hors du village. Il traverse un champ de maïs, où bêchent un homme et des petits garçons. Comment des enfants si petits peuvent-ils travailler si fort ?

Arrivé en pleine campagne, Luca prend la posture du détective.

Il marche lentement, le dos courbé, les yeux rivés au sol. Il cherche des signes. Même si son père prétend qu'il n'y a pas de zippopos dans cette région, Luca garde espoir. Sait-on jamais, un bébé zippopo pourrait s'éloigner de sa mère, s'égarer et vagabonder jusqu'ici ? Il s'imagine bien en sauveur de bébés zippopos.

Malgré le soleil qui lui tape sur la tête, Luca prend son temps. Il cherche patiemment des traces. Une pluie récente a rendu le sentier boueux. Avec leurs énormes pattes, les zippopos laisseraient des empreintes facilement repérables. S'il est chanceux, Luca pourrait même tomber sur une crotte. À vrai dire, il ne sait pas à quoi ressemble le caca de zippopos. Chose certaine, ce doit être gros.

Sur son chemin, il voit :

- Trois crottes longues et minces. Sans doute celles d'un chien.
- Beaucoup de petites billes noires. Sans doute du crottin de chèvres.
- Une bouse ronde et séchée, de la grandeur d'une assiette. Peut-être un zébu?

Mais rien qui ressemble à une crotte de zippopo. Zut !

3

Un ballon même pas rond

Au bout d'une heure de marche, à scruter les broussailles et le sol boueux, Luca a chaud et soif. En revenant au village, il rencontre Zoumana Traoré, avec sa barbichette blanche en pointe de tarte. Le chef du village l'accueille avec un retentissant :

— *Ini Sogoma !* Bonjour !

Luca baragouine ses premiers mots de bambara : *Ini Sogoma !*

— As-tu rencontré un lion ou des girafes ?

Le garçon rit poliment.

— Je n'ai vu aucune bête féroce. Et pas beaucoup d'enfants non plus…

— Durant la saison des pluies, les enfants ne vont pas à l'école. Ils aident leurs parents. Certains gardent les chèvres, d'autres travaillent aux champs, explique Zoumana Traoré.

— Ils ne jouent jamais ?

— Ils peuvent jouer quand leurs corvées sont terminées.

Le chef lui indique un terrain vague, de l'autre côté de la grande route.

— Le meilleur endroit pour te faire des copains, c'est en fin de journée, au terrain de foot. Tous les garçons de Sanankoroba adorent le foot.

Luca ne comprend pas le mot *foot* mais se garde bien de demander une explication. On l'a déjà traité de *toubabouni*. Il ne veut pas se faire traiter d'ignorant en plus.

Sitôt son souper avalé, Luca court vers le terrain vague en bordure du village. Rendu sur place, il ouvre de grands yeux étonnés. Jamais il n'a vu :

- Des enfants jouer au soccer pieds nus.
- Des pieds aussi poussiéreux.
- Un ballon aussi bizarre que celui-là.

Luca retourne en vitesse à la Case de l'Amitié. D'une des valises, il sort son ballon de soccer et une petite pompe à vélo. Quelques coups de pompe et voilà le ballon gonflé. De retour au terrain, Luca attend la fin de la partie. Quand les joueurs commencent à se disperser, il s'approche d'un garçon à la tête rasée. C'est lui qui, durant

la partie, criait des ordres aux autres joueurs. C'est peut-être le capitaine…

— Je te donne mon ballon si tu me donnes le tien, propose-t-il.

Le garçon regarde l'étranger d'un air déconcerté. Pourquoi ce garçon veut-il troquer son ballon en cuir tout neuf contre un vieux ballon même pas rond ? Il est zinzin, ce toubabouni !

— Vraiment ? demande le Malien.

— Vraiment, assure le Canadien.

Les garçons échangent leurs ballons. Le Malien prend aussitôt la fuite. Luca a juste le temps de crier :

— Hé ! Je m'appelle Luca Landry. Et toi ?

Le Malien interrompt sa course, se retourne et dit :

— Yaya Coulibaly.

Yaya repart en courant, serrant contre lui le ballon plus blanc que blanc. Il se sauve à toute vitesse, de peur que le toubabouni change d'idée.

Luca tourne dans tous les sens ce ballon africain, fabriqué de guenilles ficelées avec de la corde. Ses copains n'en reviendront pas de cet étrange ballon.

Ce soir-là, avant de s'endormir, Luca demande à sa mère :

— Ça veut dire quoi *toubabouni* ?

— Le *toubabou*, c'est l'étranger, le Blanc. *Toubabouni*, ça veut dire petit Blanc. Qui t'a appelé comme ça ?

— Deux filles avec plein de tresses.

— Ce n'est pas méchant.

Lorsque son père vient lui souhaiter bonne nuit, Luca pose sa question habituelle :

— Est-ce qu'on va voir les zippopos demain ?

— Impossible. J'aide à la fabrication des briques pour l'école.

Luca gonfle sa poitrine et annonce fièrement :

— De toute façon, demain, je joue au *foot* avec Yaya Coulibaly.

4

Cent vaches contre douze chèvres

Aujourd'hui, Luca suit son père sur le chantier de construction de la nouvelle école. Ils arrivent en même temps que deux fermiers, qui viennent déverser leurs charrettes de sable sur un tas déjà plus gros qu'un camion. Zoumana Traoré les accueille avec son habituel et sonore : *Ini Sogoma !* Bonjour !

— *Ini Sogoma !* répète Luca. *Ini Sogoma !* Pas si difficile, le bambara.

— Viens fabriquer des briques avec nous, propose le chef du village en lui tendant une pelle.

Luca aide à verser le mélange de ciment en poudre, de sable et d'eau dans des moules en forme de rectangle.

— Une fois démoulées, les briques seront déposées sur le sol et sècheront au soleil durant plusieurs jours, explique Zoumana Traoré. Le plus important, c'est de mesurer les bonnes quantités d'eau et de sable. Sinon, les briques se fissurent et les constructions ne durent pas longtemps.

Luca compte les briques mais s'arrête au bout de cent. Il y en a trop.

— Ce sera une grande école ?

— Trois classes, annonce fièrement Zoumana.

— Seulement trois classes ?! s'exclame Luca. Dans mon école, il y a :

- Quinze classes réparties sur deux étages.
- Une cafétéria vitrée.
- Un gymnase et une bibliothèque.

Le chef du village pousse un soupir.

— J'aimerais bien une bibliothèque pour Sanankoroba…

Le père de Luca se penche et chuchote à l'oreille de son fils :

— Pas nécessaire d'énumérer tout ce qu'on a.

Luca voudrait se transformer en fourmi et disparaître sous une roche, comme chaque fois qu'il fait une gaffe.

Lorsque Luca se présente au terrain de soccer, ce soir-là, il n'y a encore personne. Il attend plus de dix minutes avant de voir les garçons arriver enfin, par groupes de deux ou trois, pieds nus, poussiéreux et joyeux. Yaya Coulibaly se montre en dernier, portant fièrement le ballon plus blanc que blanc. En apercevant le toubabouni, le garçon fige sur place. Luca s'empresse de le rassurer :

— Je ne veux pas reprendre mon ballon. Je veux juste jouer.

— Viens dans mon équipe, dit Yaya.

Durant la partie, Luca ne ménage pas ses énergies. Il court le plus vite qu'il peut, essaie tous les trucs qu'il connaît, mais les Maliens lui enlèvent aisément le ballon ! Luca n'en revient pas : même en jouant pieds nus, ils sont agiles comme tout !

Après la partie, Yaya l'entraîne au puits pour se rafraîchir.

— Ma mère dit que je dois seulement boire de l'eau en bouteille, déclare Luca.

— Pourquoi ?

— À cause des maladies.

Yaya plonge sa tête sous la pompe du puits. Au même moment, Luca pousse un cri et fait un saut de côté.

— Un serpent !

Yaya soulève la pierre et éclate de rire :

— C'est un margouillat. Un lézard de rien du tout.

Il sort son lance-pierre de sa poche et, d'un tir de caillou bien placé, fait fuir le reptile.

Luca rougit, honteux d'avoir été effrayé par cette bestiole inoffensive. Il s'empresse de changer de sujet.

— Regardez bien. Je vais transformer mes espadrilles en patins.

Il sort deux roulettes de sa poche et les insère dans le talon de ses chaussures. Puis il patine tant bien que mal sur le sol raboteux. Quelques petits Maliens restent bouche bée devant les chaussures de Luca. Pas Yaya :

— Tes souliers roulants ne t'ont pas aidé à compter un seul but au foot.

Luca fait semblant de ne pas avoir entendu.

— Avez-vous une piscine à Sanankoroba ?

— Je n'ai jamais vu de piscine de ma vie, répond Bakari Traoré, le fils du chef.

— Dans mon village, à Sainte-Élisabeth, on a une piscine olympique, enchaîne fièrement Luca. Ça ne coûte que deux dollars pour s'y baigner.

— À Sanankoroba, on a six baobabs qui ont plus de cent ans, répond Yaya. Ils donnent beaucoup d'ombre. On s'abrite dessous et ça ne coûte pas un sou.

Dans sa tête, Luca entend la voix de son père qui lui dit : « Pas nécessaire d'énumérer tout ce qu'on a. » Mais il ne peut s'empêcher de revenir à la charge :

— Mon père a la plus grosse ferme de Sainte-Élisabeth : il cultive trois champs de blé et élève cent vaches.

Piqué dans son orgueil, Yaya réplique :

— Mon père cultive les plus beaux champs de mil de Sanankoroba. Et on a douze chèvres.

Luca ne s'avoue pas vaincu :

— Une vache, c'est bien plus gros qu'une chèvre !

Yaya ramasse son ballon et part sans saluer personne.

Luca devrait se réjouir : il a eu le dernier mot. Alors pourquoi se sent-il comme un gros zéro ?

5

Vive le vent d'hiver

Le jour suivant, Luca se présente au terrain de foot chaussé de sa plus vieille paire d'espadrilles. Yaya Coulibaly fait semblant de ne pas le voir. Quelques garçons lui jettent des regards furtifs mais personne ne lui adresse la parole. Luca fait le tour du terrain plusieurs fois et finit par crier :

— Salut, Yaya !

L'autre l'ignore. La partie commence. Très concentrés sur leur jeu, les garçons oublient vite le toubabouni qui les regarde d'un air envieux.

Au bout de dix minutes, Luca s'éloigne en donnant des coups de pied dans la poussière. Les deux fillettes aux petites tresses surgissent derrière lui et crient : toubabouni! Luca se retourne et leur tire la langue. Les gamines se sauvent en riant.

À la Case de l'Amitié, Luca sort son livre sur les zippopos, le feuillette distraitement puis le referme. S'il n'avait pas été si mauvais au foot hier, il n'aurait pas senti le besoin de se vanter à propos de ses espadrilles à roulettes, de la piscine olympique de son village et des cent vaches de son père. Maintenant, personne ne veut l'inviter à jouer. Luca se demande :

- Comment faire pour réparer sa gaffe ?
- Comment faire pour être réinvité à jouer au foot ?
- Comment faire pour que Yaya accepte d'être son ami ?

Soudain, son regard se pose sur son harmonica, qui trône sur le dessus de sa valise.

— Oui !!! Le ruine-babines ! s'exclame Luca.

Il glisse l'instrument dans sa poche et court jusqu'à la plus grosse case du village. Zoumana Traoré est justement en train de boire du thé avec Louis et Anne. Sa mère s'étonne :

— Tu ne joues pas au soccer ?

— Où habite Yaya Coulibaly ? demande Luca.

Le chef pointe du doigt la case en terre battue des Coulibaly.

— Merci ! crie Luca qui repart aussitôt, sans laisser le temps aux adultes de poser d'autres questions.

Lorsque Yaya revient de sa partie de foot, il trouve le toubabouni assis devant sa maison. En l'apercevant, Luca sort son harmonica.

Il joue le seul morceau qu'il connaît : *Vive le vent d'hiver*. Une ribambelle d'enfants s'attroupe aussitôt autour de lui.

Lorsque Luca a terminé sa chanson, les quatre sœurs de Yaya crient en bambara :

— *A fo tougoun !*

— Elles disent : « Encore ! Joue encore », traduit Yaya.

— Pourquoi tes sœurs ne parlent pas le français ? demande Luca.

— Quand elles iront à l'école, elles apprendront ta langue, répond le garçon.

— *A fo tougoun !* répètent les fillettes.

Luca reprend son instrument et entonne une deuxième fois *Vive le vent d'hiver*. Il prend soin d'accentuer les notes les plus joyeuses. Il espère que sa musique apprivoisera

Yaya Coulibaly. Il joue son morceau une troisième, puis une quatrième fois. Après, Luca doit arrêter car il a mal aux lèvres.

Yaya s'approche et demande :

— Comment ça s'appelle ?

— Un ruine-babines.

— Un quoi ?

— Le vrai nom, c'est *harmonica*. Chez nous, on dit *ruine-babines*, parce que quand on en joue, ça fatigue les babines, les lèvres, explique Luca.

Puis il ajoute, très rapidement pour cacher sa gêne :

— Tu sais, avec des dollars et du ciment, n'importe qui peut construire une piscine olympique. Mais personne ne peut construire six baobabs centenaires.

Yaya réfléchit en faisant rouler son ballon avec le talon.

— As-tu déjà gardé les chèvres ? demande-t-il.

— Jamais, répond Luca.

— J'irai te chercher, demain matin. Apporte ton ru-i-ne-ba-bi-nes.

Il n'y a pas de salle de bains dans la Case de l'Amitié. Ça embête un peu les parents de Luca. En fait, ça les embête beaucoup. Louis Landry aime commencer sa journée par une douche. Impossible à Sanankoroba, où l'eau est rare. Luca, lui, adore cette douche condensée : un seau d'eau pour se laver de la tête aux pieds.

Ce qui embête le plus Anne Landry, ce sont les toilettes… qui n'ont rien à voir avec des toilettes ! Ici, les latrines, c'est quatre murs, sans porte ni toit. À l'intérieur, il y a un trou creusé dans le sol, surmonté de deux repose-pieds.

— Il faut être funambule pour faire ses besoins accroupie comme ça, ronchonne Anne.

Luca s'est vite habitué à se positionner sur les repose-pieds, mais il ne s'est pas encore accoutumé aux tonnes de mouches ni à l'odeur… Il flotte dans les latrines une puanteur à faire s'évanouir un éléphant.

Par une soirée paisible, Anne a bondi hors des latrines en poussant un hurlement affolé. Armé de sa lampe de poche, Louis a enquêté et identifié la source du bruit étrange. Le coupable : un énorme et paisible crapaud ! Depuis, à la nuit tombée, Luca accompagne toujours sa mère aux latrines, en poussant de joyeux *croa… croa… croa…*

Ce soir, Luca ne fait pas de chichi pour se coucher tôt. Il veut être éveillé et fringant lorsque Yaya viendra le chercher, demain matin. Avant de s'endormir, il demande de nouveau à son père :

— Quand est-ce qu'on va au fleuve Niger ?

— Dès que mon équipe aura terminé les murs de l'école.

Luca tambourine des pieds sur son matelas.

— Je suis venu au Mali exprès pour les zippopos ! On est arrivés depuis cinq jours et je n'en ai pas encore vu un seul !

— Bientôt, promet Louis. Bientôt.

Mais pour Luca, bientôt ne vient jamais assez tôt.

6

Des dents comme des couteaux

Le lendemain, ce n'est pas le coq mais les chèvres qui réveillent Luca. Bêêêêê... bêêêêê... Entouré de son troupeau, Yaya attend devant la Case de l'Amitié.

— J'arrive ! s'écrie Luca en enfilant son t-shirt à toute vitesse.

— Minute, mon Lulu ! Tu oublies ça ! s'écrie sa mère en brandissant le tube de crème solaire.

— Arrête de m'appeler Lulu ! grogne son fils.

Luca étend rapidement la crème sur son nez et son cou. Puis il glisse son harmonica dans sa poche et court rejoindre son ami.

— Tu oublies ta collation !

Anne glisse une bouteille d'eau et des bananes dans un sac à dos, qu'elle tend à Yaya en souriant.

Suivis de la dizaine de chèvres bêlantes, les deux garçons partent enfin en direction de la brousse. À la sortie du village, au moment de traverser la grande route, Yaya donne une branche à Luca.

— Il ne faut pas que les chèvres se dispersent. Si elles s'éloignent, tu leur donnes un coup sur les fesses.

— On va où ?

— Par là, dit-il en pointant devant lui. Au bout du village, après les baobabs. Plus loin que les deux champs de mil et les trois collines.

Lorsque les chèvres s'arrêtent sur le sentier pour brouter les feuilles des arbustes, Yaya leur donne des coups de branche. Luca, lui, tapote le bétail et chatouille les chevreaux.

— Plus fort! Il faut que ça les pince un peu, sinon elles n'écoutent pas, explique Yaya.

Les garçons avancent maintenant dans les hautes herbes. Luca remarque que le paysage a trois couleurs :

- Le vert de la broussaille.
- Le rouge de la terre.
- Le bleu du ciel.

Après trente minutes de marche, Yaya s'arrête sous un arbre. Il dépose le sac à dos et s'assoit.

— On fait quoi, maintenant ? demande Luca.

— Rien. On laisse les chèvres brouter.

— Crois-tu qu'elles aimeraient m'entendre jouer du ruine-babines ?

— Peut-être, répond Yaya, en essayant de cacher son enthousiasme.

Luca sort son harmonica et joue le seul et unique morceau qu'il connaît. Trois fois.

— Comment s'appelle cette chanson ? demande Yaya.

— *Vive le vent d'hiver.*

— Il ressemble à quoi le vent d'hiver de ton pays ?

— Il mord les joues et fait couler le nez, explique Luca.

— Nous aussi on a un vent froid : l'harmattan. Il apporte des tempêtes de sable.

— Chez nous, quand il y a une grosse tempête de neige, j'ai congé d'école, dit Luca.

Yaya sort son lance-pierre et tire des cailloux sur la plus haute branche d'un baobab.

— Je n'ai jamais vu la neige. Ça doit être spectaculaire, dit-il.

— Et moi, je n'ai jamais vu de zippopos. Ça doit être bien plus spectaculaire !

— Des quoi ?

— Des hippopotames, précise Luca.

— Pourquoi tu dis *zippopos* ?

— Quand il y a plus d'un hippopotame, on prononce « les zippopotames ». Et puis, le Z est ma lettre préférée, alors je dis zzzzzippopos.

Yaya se gratte la tête. Cette idée l'intrigue.

— Est-ce que tous les Blancs ont une lettre préférée ?

— Sais pas. As-tu déjà vu des zippopos ?

— Non. Je ne suis jamais allé au fleuve Niger.

— Mon père a promis de m'y emmener. J'espère y voir des zippopos avec la gueule ouverte. Savais-tu

qu'ils ont la gueule aussi grande qu'une caverne ?

— Une caverne ? s'étonne Yaya.

— Et leurs dents sont aussi coupantes que des couteaux.

— Des couteaux ? s'étonne Yaya.

— Et leur mâchoire est assez forte pour écraser un crocodile.

— Un crocodile ? s'étonne Yaya.

Il prend le temps de digérer toutes ces informations terrifiantes, puis déclare :

— Moi ze n'irai pas zau fleuve. Z'aurais trop peur de me faire zigouiller par les zippopos.

Luca éclate de rire. Yaya bombe la poitrine, tout fier de sa blague.

À l'heure du foot, ce soir-là, Yaya ne se présente pas. C'est Bakari

Traoré, le fils du chef, qui arrive avec le ballon. Luca ne parvient pas à se concentrer sur le jeu. Il guette l'arrivée de Yaya. Mais son copain ne vient pas. Sitôt la partie terminée, il court à la case de la famille Coulibaly. Assise sur le sol, la mère de Yaya tresse les cheveux de l'une de ses filles.

— Bonjour ! Je cherche Yaya, dit Luca.

La femme lui répond en bambara. Les sœurs de Yaya rigolent. Luca s'apprête à repartir bredouille lorsque le père de Yaya sort de la case.

— Tu veux voir mon fils ? demande Moussa Coulibaly.

— Oui !

Moussa pose un doigt sur ses lèvres.

— Chut ! Je ne peux pas te dire où il est. C'est un secret.

Pour la première fois depuis longtemps, Luca ne pense pas aux zippopos avant de s'endormir. Il tourne et retourne la même question dans sa tête : que peut bien mijoter Yaya ?

7

Poutine et pain de singe

La première pensée de Luca, à son réveil, est pour Yaya. Le verra-t-il, aujourd'hui ? Son nouvel ami lui dévoilera-t-il son secret ? Luca marche de long en large devant sa porte sans même jeter un coup d'œil aux femmes en train de moudre leur mil. Si Yaya ne vient pas le chercher, sa journée s'étirera, interminable, sans action, sans excitation. Mais il a beau tendre l'oreille, il n'entend pas le bêlement des chèvres. Il s'apprête à rentrer pour déjeuner lorsque Yaya surgit devant la case.

— Enfin ! s'exclame Luca.

— Tu t'inquiétais ? demande son copain, d'un air faussement innocent.

— Pas du tout. Mais tu n'es pas venu au foot hier soir et…

— J'étais occupé…

— À quoi ?

Pour toute réponse, Yaya lui tend un lance-pierre.

— Pour moi ?

— Non, c'est pour ta mère, taquine l'autre.

— Merci, dit timidement Luca. Puis il lève les poings en l'air et crie : Yé ! Il tourne et retourne son arme entre ses doigts, frotte le bois lisse et tire sur la bande élastique.

— J'ai cherché longtemps pour trouver cette branche en Y, explique Yaya. Je la voulais en bois d'eucalyptus car c'est résistant. Pour la bande, j'ai pris le meilleur caoutchouc : la chambre à air d'un pneu d'avion.

Luca siffle entre ses dents :

— Comment tu l'as eue ?

— J'ai fait un échange avec Bakari Traoré.

— C'est le plus beau lance-pierre que j'aie jamais eu ! Merci !

Yaya pouffe de rire.

— Facile à dire. Tu n'as jamais eu de lance-pierre avant ! Cervelle de moustique !

Luca se précipite dans la case et en ressort avec son ruine-babines, qu'il tend à son copain. Yaya regarde son ami d'un air incrédule. Il brûle d'envie de prendre l'instrument mais n'ose pas. Luca saisit la main de Yaya et y dépose l'harmonica.

— C'est trop ! murmure le garçon, gêné.

— Est-ce le plus beau ruine-babines que tu aies jamais reçu de ta vie ?

Ému, Yaya secoue la tête de haut en bas.

— Tu n'as jamais eu de ruine-babines avant ! Cervelle de moustique toi-même !

Luca danse sur place, tout fier d'avoir pu retourner la taquinerie.

À partir de ce matin-là, voici ce qui se produit :

- Luca ne va nulle part sans son lance-pierre.
- Yaya ne va nulle part sans son ruine-babines.
- Luca et Yaya ne vont nulle part l'un sans l'autre.

Plus tard, tandis que les chèvres broutent et que les margouillats sommeillent à l'ombre, Luca sort une tablette de chocolat de son sac à dos. Il en donne une moitié à son copain. Yaya en prend une minuscule bouchée, qu'il suce longuement.

— Tu n'aimes pas le chocolat ? demande Luca.

— J'adore ! Mais j'en mange rarement... alors je le fais durer plus longtemps.

— Qu'est-ce que ta mère te donne, d'habitude, comme collation ?

Yaya fait semblant de chercher des cailloux pour son lance-pierre. Il n'a jamais de collation et son repas du midi se limite souvent à un bout de pain avec rien dessus. Parfois, il va traire une chèvre en cachette, pour faire taire sa faim avec un peu de lait. Mais il n'a pas envie d'expliquer tout ça à son nouveau copain.

— Ma mère fait du bon jus de pain de singe...

— Du jus de quoi ? demande Luca, qui n'est pas certain d'avoir bien entendu.

— En saison sèche, le baobab produit un fruit, qu'on appelle le *pain de singe*. C'est une coquille jaune et ovale, remplie de poudre qui goûte un peu suret, explique Yaya.

— Pain de singe... pain de singe..., répète Luca, incrédule. Tu manges de la nourriture de singe ! Yaya le gorille ! Ha ! Ha ! Ha !

Il se met à sauter sur place en poussant des cris de gorille. Yaya hausse les épaules et recharge calmement son lance-pierre. Il vise la plus haute branche du baobab et paf ! Touché !

Luca glisse le reste de son chocolat dans la poche de Yaya.

— J'ai envie de manger du salé plutôt que du sucré, tiens, comme une bonne poutine.

— Une pouttt quoi ? demande Yaya.

— Une pou-ti-ne. C'est fait avec des patates frites et des crottes de fromage, arrosées de sauce. Miam !

Au tour de Yaya d'éclater de rire.

— J'aime mieux manger du pain de singe que des crottes ! Luca bouffe du caca ! Ha ! Ha ! Ha !

Luca saute sur le dos de Yaya. Les deux garçons roulent sur le sable chaud. Ils rient si fort que les chèvres, interloquées, lèvent la tête et en oublient de brouter.

8

L'entraide rend riche

Lorsque les garçons ramènent le troupeau à Sanankoroba, en fin de journée, ils aperçoivent un attroupement au centre du village.

— Oh ! s'exclame Yaya.

La nouvelle école a maintenant quatre murs.

Luca court aussitôt vers son père, en discussion avec les fermiers.

— Papa ! Papa ! Maintenant que l'école a des murs, on peut aller voir les zippopos ?

Les cheveux trempés de sueur et le visage maculé de poussière, Louis Landry pousse un soupir exaspéré.

— Luca, je t'ai promis qu'on irait au fleuve et je vais tenir ma promesse. Mais arrête de m'en parler quinze fois par jour !

— Même pas quinze fois... marmonne son fils.

Pendant ce temps, Yaya a examiné soigneusement la nouvelle école. Les yeux brillants d'excitation, il déclare à son copain :

— C'est la première fois que Sanankoroba a une école en dur.

— Elle était molle avant ? demande Luca.

— L'ancienne école était en banco, comme nos maisons.

— En *banco* ?

— Un mélange de glaise, de sable et de paille. Ce n'est pas très solide et ça ne dure pas longtemps. À la saison des pluies, l'eau coule à l'intérieur et les murs tombent en morceaux.

Luca et Yaya font le tour des trois classes.

— C'est la première fois qu'on a un plancher en ciment plutôt qu'en terre. À cause des tables et des bancs neufs, sûrement, conclut le jeune Malien.

— Je ne comprends pas.

— Si le plancher était en terre, les termites rongeraient les bancs et les tables en bois.

Luca donne une pichenette sur le bras de Yaya.

— Tu dis n'importe quoi. Comment de si petits insectes pourraient-ils manger un banc ?!

— Peut-être pas vos fourmis canadiennes. Mais nos termites sont voraces. Elles peuvent ronger un banc aussi vite que tu mangerais ta poutine.

Bakari Traoré, le fils du chef, passe en courant et leur crie :

— On vous attend pour la partie de foot !

En route vers le terrain, Yaya pose une question qui le turlupine depuis longtemps :

— Les gens de ton village nous ont aidés à construire le puits et le centre de santé. Et maintenant l'école. Vous êtes donc très riches à Sainte-Élisabeth ?

Luca secoue la tête.

— Pas encore. Mais bientôt. Mon père n'arrête pas de dire que l'entraide enrichit.

Avant que la partie de foot commence, Yaya montre à Luca son truc préféré : la talonnade.

— Tu frappes le ballon avec l'arrière du talon et tu le passes à ton coéquipier, derrière. C'est la meilleure façon de déjouer l'adversaire.

Luca se déhanche et se démène. Il donne des coups de talon à droite et à gauche. Malgré tous ses efforts, il ne réussit pas à garder le ballon.

— Tes souliers te ralentissent. Enlève-les, suggère Yaya.

— Ma mère ne veut pas, soupire Luca. Tu as de la chance de marcher pieds nus.

Yaya secoue la tête :

— Tu dis n'importe quoi.

Au milieu de la partie, il se met à pleuvoir. Une pluie drue, qui fouette et rafraîchit. Le vent secoue les branches des baobabs. Assis en bordure du terrain pour reprendre son souffle, Luca lève le nez au ciel et laisse l'eau couler sur son visage.

La pluie n'arrête pas les joueurs, qui soulèvent de longues

giclées de boue lorsqu'ils frappent le ballon. En voulant faire une talonnade, Bakari Traoré glisse et s'étale sur le sol boueux. Tous les garçons hurlent de rire. Bakari s'étire et attrape les jambes du joueur le plus près pour le faire glisser avec lui dans la flaque de boue. Une joyeuse bousculade s'ensuit. Tous les joueurs se jettent dans le tas. Ça crie, ça rit, ça se plaque des poignées de terre dans le cou. Luca a de la boue partout, partout, partout. Jusque dans les oreilles. Bakari s'écrie :

— Hé, regardez ! Le toubabouni a l'air d'un Africain !

Deux garçons se mettent à danser. Les autres les imitent aussitôt. Luca hésite un instant puis enlève ses espadrilles et les balance au loin. Copiant les gestes des Maliens, il lève les bras au

ciel, agite son derrière et fait valser ses pieds nus dans la boue. Luca tremble :

- D'excitation.
- De froid.
- De joie.

9

Mains de vieillard et mains de bébé

Les premières fois que Yaya joue du ruine-babines, il fait rire ses sœurs et fait fuir les poules.

— On dirait les gémissements d'un cochon qu'on égorge, se moque Luca.

Yaya secoue la tête d'un air frustré.

— Si mes mains étaient moins râpeuses, je jouerais mieux.

Bien qu'il ait la même taille que Luca, Yaya a des mains plus larges et plus épaisses. À force de ramasser du bois et de fabriquer des briques, il a la peau craquelée et marquée de cicatrices. Luca trouve que son copain a des mains de vieillard, mais il ne le lui dit pas.

Les premières fois que Luca se sert du lance-pierre, les roches volent n'importe où, n'importe comment. Parfois, elles tombent juste en face de lui. D'autres fois, elles partent à droite alors qu'il visait à gauche.

— Si mes mains étaient plus endurcies, je tirerais mieux, se désole-t-il.

Luca a des mains étroites, blanches et lisses. Ce sont des mains habituées à manier le crayon et à pianoter sur un clavier d'ordinateur. Yaya trouve que son copain a des

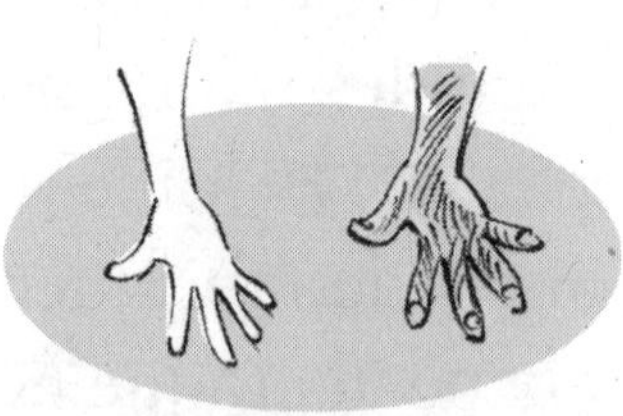

mains de bébé, mais il ne le lui dit pas.

Aujourd'hui, Moussa Coulibaly envoie son fils aux champs plutôt qu'en brousse avec le troupeau. Comme le mil est en fleur, il faut empêcher les oiseaux de picorer les cultures. Lance-pierre en main, ses poches bourrées de cailloux, Yaya surveille attentivement les champs. Luca imite chacun de ses gestes.

— L'an dernier, pendant la saison des pluies, c'est moi qui ai tué le plus de moineaux : dix ! déclare-t-il fièrement.

Luca pousse un sifflement d'admiration. Yaya précise :

— Mais Bakari Traoré a réussi à tuer un serpent avec son lance-pierre.

— Crois-tu qu'on pourrait abattre un hippopotame avec un lance-pierre ?

Yaya éclate de rire.

— Il faudrait un lance-pierre géant !

— *Mali*, ça veut dire *hippopotame* en bambara, non ? Alors pourquoi les zippopos sont-ils si rares dans ton pays ? demande Luca.

— Quand mon grand-père était petit, il y avait beaucoup plus d'hippopotames. Je crois que les chasseurs en ont trop tué et que…

Le garçon ne termine pas sa phrase. Il se redresse d'un coup et tire un caillou avec son lance-pierre. PAF ! Yaya pousse un hurlement de guerrier et court chercher le moineau. Il le brandit par les pattes, comme un trophée.

— On va bien se régaler ce soir !

— Se régaler ? fait Luca, surpris.

— Un vrai chasseur mange ce qu'il abat. Du moineau cuit sur le feu, tu vas trouver ça encore meilleur que de la poutine ! réplique Yaya.

Trois fois par jour, Luca crie : *doumouni !* C'est son mot préféré en bambara : manger. Certains soirs, le jeune Canadien soupe avec la famille Coulibaly. Le père, la mère, Yaya et ses quatre sœurs s'assoient en cercle, sur le sol, autour du grand plat commun.

— Tu prends la nourriture avec la main droite, explique Yaya.

— Pourquoi ?

— La main gauche, tu t'en sers pour te nettoyer après que tu as fais ton affaire aux latrines !

Luca plonge sa main droite dans le riz à la sauce d'arachide. Il prend garde de ne pas piger dans la portion de son voisin.

— Ça colle ! s'exclame-t-il.

Certains soirs, Anne Landry invite Yaya à souper. Le jeune Malien a de la difficulté à manger son spaghetti avec une fourchette.

— Ça glisse ! s'exclame-t-il.

Un soir, après le repas, Luca imite Yaya et nettoie ses dents avec une branche de jujubier. Mais il s'écorche la gencive. Le lendemain, il offre une brosse à dents à Yaya. Son copain le remercie poliment, mais après avoir essayé ce machin aux poils de plastique, il préfère s'en tenir à sa branchette. Il trouve cependant la brosse à dents très utile pour chatouiller ses sœurs.

Petit à petit, Yaya apprivoise le ruine-babines. Ses couinements se transforment en notes de musique. Petit à petit, Luca apprivoise le lance-pierre. Il peut bientôt frapper une cible à trois mètres devant lui.

Un matin, tandis qu'ils gardent les chèvres, les garçons se font trois promesses :

- Pour Luca : abattre un moineau avant son départ du Mali.
- Pour Yaya : jouer *Vive le vent d'hiver* avant le départ de Luca.
- Pour Luca et Yaya : aller voir ensemble les zippopos.

10

À la recherche des zippopos

Une semaine ! Sept jours ! Voilà sept jours et huit nuits que Luca est débarqué au Mali et il n'a pas encore vu le moindre hippopotame. Trop, c'est trop ! Le garçon en a assez d'attendre, assez de jouer au gardien de chèvres, assez de se faire dire « bientôt » par son père.

— Ce soir, je fais comme dans le dicton préféré de ma mère, annonce-t-il à Yaya.

— C'est quoi, un dicton ?

— Une phrase qui donne une leçon. Ma mère dit toujours : « Si la montagne ne vient pas à toi, va à la montagne. »

Yaya ferme les yeux et s'imagine une montagne qui marche, perchée sur des pieds gigantesques, chaussés d'espadrilles à roulettes.

— Je ne comprends pas la leçon…

— Comme les zippopos ne viendront pas vers moi, je vais aller vers eux.

— Où ça ?

— Plus loin, là-bas. En brousse. Cette nuit.

— Cette nuit ?! s'exclame Yaya.

— Le jour, les zippopos vivent sous l'eau pour se protéger du soleil mais la nuit, ils s'éloignent de leur cours d'eau pour trouver de la nourriture. Parfois, ils vont même dans les champs des fermiers. Je l'ai lu dans mon livre.

Yaya sait bien que Luca ne verra aucun hippopotame près de Sanankoroba.

— Se promener la nuit en brousse, c'est dangereux. Tes parents ne voudront pas, dit Yaya.

— J'irai en cachette. Je t'attendrai, à minuit, sous le baobab à la sortie du village. Tu viendras ?

Yaya ne répond pas.

Pour rester éveillé, Luca glisse une lampe de poche sous ses couvertures et lit son livre sur les hippopotames. Lorsque sa montre indique cinq minutes avant minuit, il se lève sans bruit et sort de la case sans réveiller ses parents. Il traverse le village endormi, espérant que les chiens ne se mettent pas à aboyer sur son passage.

Sous le baobab, il n'y a personne. Luca hésite. Il a envie d'aventure, mais sans Yaya, la brousse l'attire moins. Il avance de trois pas et recule de quatre. Tout à coup, un bruit le fait sursauter. Yaya ! Luca pousse un soupir de soulagement. Il donne une pichenette à Yaya.

— Tu es en retard, cervelle de tortue. Allons-y !

— On ne verra même pas le bout de la queue d'un hippopotame. Si je viens, c'est seulement pour t'empêcher d'être dévoré par les hyènes.

Luca pâlit.

— Il y a des hyènes en brousse?

Yaya lui décoche un sourire moqueur.

— Peut-être bien, mon Lulu…

Luca lui donne une deuxième pichenette.

— Menteur ! Et je te défends de m'appeler Lulu !

— Je peux passer devant si tu veux, offre Yaya.

— Prends ma lampe de poche.

Les garçons s'engagent sur le sentier qui mène en brousse. Le temps s'est refroidi et des troupeaux de nuages touffus cachent la lune. Même les étoiles restent invisibles. La lampe de poche crée un mince rayon de lumière. Trop mince.

Les amis avancent en silence dans la nuit noire. Yaya pense à sa mère. Il espère qu'elle ne remarquera pas son absence. Il ne veut pas qu'elle s'inquiète.

Luca frissonne. Il ne s'attendait pas à cette fraîcheur soudaine et il n'a pas apporté de chandail. La brousse, la nuit, ne ressemble pas à la brousse le jour. Le garçon n'aime pas :

- Entendre des bruits étranges et inconnus.
- Voir des ombres bouger dans les broussailles.
- Penser qu'il pourrait tomber nez à nez avec une hyène.

Luca se rapproche de Yaya. Sans le vouloir, il lui marche sur le talon. Son copain trébuche et s'étale sur le sol.

— Ça va? demande Luca.

Yaya se relève et époussette son pantalon.

— As-tu peur ?

— Pas du tout ! proteste Luca.

— Alors pourquoi tu marches si proche de moi ?

— Euh... je ne faisais pas attention, bredouille-t-il.

Les garçons se remettent à marcher et, cette fois, Luca prend soin de garder une distance d'au moins un bras entre lui et Yaya.

— On fait quoi si on rencontre un de tes zippopos sur le sentier ?

— On ne lui marche pas sur les talons ! répond Luca.

Yaya éclate de rire. La lueur de la lampe de poche fait des soubresauts.

— Les zippopos, il faut leur laisser beaucoup de place. Ils pèsent entre trois et cinq tonnes, tu sais.

Yaya siffle.

— Si on mettait cent personnes dans une marmite, crois-tu que ça ferait cinq tonnes ?

— Peut-être. Mais il faudrait que ce soit des gens énormes, qui ont mangé des montagnes de poutine, dit Luca.

— Et des montagnes de bouillie de mil.

— Et des tas de…

— Mon harmonica ! l'interrompt Yaya.

— Quoi ?

— Il n'est plus dans ma poche! Je dois l'avoir échappé tout à l'heure en tombant.

Yaya fait demi-tour et se jette à quatre pattes. D'une main, il dirige le rayon de la lampe de poche au ras du sol. De l'autre main, il cherche son ruine-babines dans les broussailles. Luca s'accroupit et cherche lui aussi.

Soudain, le jeune Malien pousse un hurlement. Luca sursaute. Yaya tient son pied dans ses mains et se tord de douleur. Luca court vers lui mais n'ose pas le toucher.

— Tu t'es fait mal au pied ?

Péniblement, Yaya réussit à prononcer le mot :

— Scorpion…

Luca sent la panique monter en lui.

— Sco… Scorpion ? C'est poison ?

— Mal…, crache Yaya qui, plié en deux, gémit comme un chiot blessé.

Luca place la lampe de poche près de son ami. D'une voix étranglée par la peur, il dit :

— Je cours chercher de l'aide. Je reviens aussi vite que je peux.

11

Pas sans son harmonica

Luca n'a jamais couru aussi vite. Il a l'impression d'avoir un moteur à la place du cœur. Au moment où il croit que ses yeux sont habitués à l'obscurité, il trébuche sur une racine. La chute est dure, mais il se relève et reprend aussitôt sa course. Un de ses genoux saigne, mais le garçon refuse de regarder. Il ne sent ni la douleur, ni la fatigue.

Les pensées de Luca galopent à pleine vitesse. Et si Yaya mourait empoisonné par un scorpion ? Ce serait sa faute. Il l'a entraîné dans la brousse, lui a marché sur le talon, l'a fait trébucher... Un sanglot monte dans la poitrine de Luca. Il crie à tue-tête :

— Courage, Yaya ! Courage !

À l'approche du village, Luca aperçoit de la lumière. Des voix d'hommes appellent :

— Luuuuca ! Yaaaaya !

Il se met à hurler :

— Papa ! Papa !

Au même moment, un coup de vent déplace une touffe de nuages et dévoile un coin de lune. Luca voit ses parents qui courent vers lui. Moussa Coulibaly les suit. Louis Landry soulève son fils et l'écrase contre lui, tandis que Anne les entoure de ses bras en sanglotant. Luca gigote et crie :

— Lâche-moi, papa ! Lâche-moi !

Dès que son père le pose au sol, Luca repart en direction de la brousse.

— Venez ! Vite ! crie-t-il. Yaya est blessé !

Sa mère s'énerve :

— Luca ! Reviens ici tout de suite !

Mais son fils ne l'écoute pas. En deux enjambées, Moussa Coulibaly rejoint le garçon.

— Qu'est-il arrivé à Yaya ?

Luca s'arrête, à bout de souffle.

— Il a été… piqué par un scorpion. C'est ma faute, crie-t-il.

Luca est au bord des larmes, mais ne veut pas pleurer. Pas de temps à perdre. Il ravale ses sanglots, tousse et s'étouffe. Son père, qui les a rejoints, pose sa main sur son épaule :

— Calme-toi et montre-nous le chemin.

Louis a une lampe de poche puissante, qui éclaire bien leur route. Le trio avance rapidement.

Dix minutes plus tard, ils trouvent Yaya allongé sur le sentier, immobile.

— Il est mort ! s'exclame Luca, horrifié.

Moussa Coulibaly se précipite vers son fils et lui soulève doucement la tête. Yaya ouvre les yeux. Son père examine le pied enflé et confirme :

— Piqûre de scorpion.

Se tournant vers Luca, qui a remonté son t-shirt sur son visage pour étouffer ses pleurs, Moussa ajoute :

— Il ne mourra pas.

Luca éclate en sanglots. Il plaque sa main sur sa bouche pour ne pas qu'on l'entende pleurer.

Yaya se redresse et dit d'une voix faible :

— Je ne pars pas sans mon ru-i-ne-ba-bi-nes.

Pointant sa lampe de poche vers le sol, Louis fait quelques pas sur le sentier et s'écrie :

— Le voici !

Yaya serre son harmonica dans sa main. Malgré la douleur, il sourit.

Moussa Coulibaly prend son fils sur son dos et retourne vers le village, suivi des Landry. Le groupe avance à la queue leu leu. Yaya ferme les yeux. Il ne gémit plus, mais Luca voit bien qu'il a mal.

POW ! Luca sursaute. Un coup de tonnerre, aussi fracassant qu'un coup de canon, retentit au loin. De grosses gouttes de pluie éclatent sur leurs visages. Luca s'en réjouit. Il peut maintenant pleurer sans se faire remarquer.

Durant le trajet, personne ne parle :

- Moussa Coulibaly et Louis Landry sont soulagés d'avoir retrouvé leurs fils sains et saufs, mais fâchés de leur imprudence.
- Luca est soulagé que son copain ne soit pas gravement blessé, mais inquiet de la colère de ses parents.
- Yaya est soulagé d'avoir retrouvé son ruine-babines, mais souffre trop pour s'inquiéter de la colère de son père.

À l'entrée du village, Anne Landry pousse une exclamation de soulagement en voyant arriver son fils. Les deux hommes se serrent la main.

— Bonne nuit, enfin pour ce qu'il en reste, dit Louis. Demain, j'aurai une discussion sérieuse avec mon chenapan.

Timidement, Luca s'avance vers le père de son ami.

— Yaya ne voulait pas sortir, cette nuit, mais j'ai insisté. Il n'est venu que pour me protéger des hyènes.

Moussa Coulibaly fronce les sourcils et prend un air très sérieux :

— Mon fils ne t'a pas dit ? Les hyènes n'aiment pas la chair de toubabouni.

Toujours perché sur le dos de son père, Yaya ouvre les yeux et fait signe à Luca de s'approcher.

— T'en fais pas, dit-il d'une voix faible. J'ai retrouvé mon harmonica. Et bientôt, tu verras tes zippopos. C'est tout ce qui compte, non ?

Luca secoue la tête et fait signe que non.

— Ce qui compte, c'est que tu ne sois pas mort empoisonné.

12

Mourir de froid ou de chaleur

Le lendemain matin, Luca n'entend pas le coq s'époumoner. Il n'entend pas non plus le battement des pilons, ni le départ de son père pour le chantier de construction. Inquiète de ne pas voir son fils levé avec le soleil, Anne Landry vient s'assurer qu'il n'a pas de nouveau pris la poudre d'escampette. Elle le trouve au lit, son visage rouge tomate contrastant avec l'oreiller blanc. Elle touche le front de son fils, qui se réveille en sursaut.

— Toi, tu n'as pas mis ta crème solaire, hier, le sermonne-t-elle doucement.

Luca gémit. Des coups de marteau résonnent dans son crâne.

— Mal à la tête…

— Ça ne m'étonne pas. Tu fais de la fièvre. Tu as pris un vilain coup de soleil, peut-être une insolation. Aujourd'hui, mon Lulu, tu resteras dans la case.

Sa mère lui tend deux comprimés contre la douleur.

— De toute façon, après ton escapade de la nuit dernière, il n'était pas question que tu sortes. Tu auras tout le temps de réfléchir à ton imprudence…

Luca proteste faiblement :

— Je veux savoir si Yaya va mieux.

Sa mère lui répond d'un ton sévère :

— J'ai dit : PAS de sortie. Tu restes couché, le temps de faire baisser ta fièvre. J'irai moi-même aux nouvelles.

— S'il te plaît maman, vas-y tout de suite, supplie Luca.

Le garçon ne veut pas s'endormir avant le retour de sa mère, mais ses paupières pèsent une tonne. Il pose sa tête sur l'oreiller et ferme les yeux…

À son réveil, Luca trouve Yaya assis sur le sol, à côté de son lit. Le garçon a le nez plongé dans son livre sur les hippopotames.

— Et ta piqûre de scorpion ?

— Mon pied a désenflé, mais je boite. Et toi ? Ta mère m'a dit que tu avais de la fièvre.

— Ça va. Mais mes parents sont fâchés et je n'ai pas le droit de sortir.

— Mon père aussi n'est pas content. Il a été forcé de me donner congé pour la journée mais demain, je devrai faire deux corvées au lieu d'une.

Luca s'assit lentement dans son lit. Ça ne cogne presque plus dans sa tête.

— Tu ressembles à une tomate trop mûre. Tu as oublié de mettre ton truc qui sent la noix de coco? demande Yaya.

Luca grimace et pointe du doigt le livre que son copain tient entre ses mains.

— Je suis comme les zippopos : j'ai la peau très sensible.

Yaya lève les yeux au ciel:

— Comment ces gros tonneaux peuvent-ils avoir la peau fragile ?

— C'est écrit noir sur blanc à la page 14: le soleil est le pire ennemi des zippopos. Il dessèche leur peau. Mais si j'avais des glandes de zippopos, je ne serais pas dans mon lit aujourd'hui.

— Des quoi ?

— Des *glandes*. Elles produisent une sorte de liquide rose qui se répand sur la peau des zippopos. Ça les protège des coups de soleil.

— S'ils ont la peau si fragile, les zippopos devraient vivre au Canada plutôt qu'ici.

— Tu crois qu'on n'a pas de soleil chez nous, cervelle de moustique ? De toute façon, au Canada, les zippopos mourraient de froid.

Yaya le regarde d'un air incrédule :

— Des gens meurent de froid chez vous ?

— Tous les jours, répond Luca.

Yaya lui donne une pichenette.

— Menteur !

— D'accord, pas tous les jours, mais en hiver, de temps en temps quand même.

Yaya frissonne.

— Ça doit faire très mal, mourir de froid.

— Sûrement… L'hiver dernier, une fille a creusé un tunnel dans la neige. Il s'est écroulé pendant qu'elle était dedans. Elle est morte étouffée.

Yaya ouvre de grands yeux alarmés.

— Tu dois avoir peur de la neige alors ?

— Mais non, voyons ! Il faut faire attention, c'est tout. J'adore les tempêtes de neige, surtout quand il y a de la poudrerie.

— *Poudrerie* ?

— C'est quand le vent pousse la neige tandis qu'elle tombe. Ça fait de gros tourbillons de flocons. Si je reste dehors assez longtemps, la poudrerie me transforme en bonhomme de neige !

— Comment ?

— La neige colle à mon manteau et à mes pantalons. J'ai les sourcils givrés et des glaçons qui me pendent du menton.

Yaya frissonne de plus belle. Il se lève et ouvre grands les volets de la chambrette de Luca.

— Il faut profiter de la chaleur pendant que tu es ici. J'ai ce qu'il faut pour que tu te sentes mieux, dit-il en sortant son harmonica de sa poche.

Luca cache sa tête sous son oreiller et hurle :

— Ah non, pas ça ! Pitié ! Yaya au ruine-babines, ça va ruiner ma journée !

Yaya pince les orteils de Luca. Les garçons rient tellement fort que personne ne croirait :

- Que l'un se remet d'une fièvre.
- Que l'autre se remet d'une piqûre de scorpion.
- Que tous deux viennent d'être punis pour leur étourderie.

Ce soir-là, il pleut et la famille Landry soupe à l'intérieur. Délivré de sa fièvre, Luca mange avec appétit son riz au poulet. Dans la lueur de la lampe-tempête, il s'amuse à faire des ombres chinoises sur les murs de la Case de l'Amitié. Ses parents boivent du vin en discutant tranquillement.

— J'adore le tamtam de la pluie sur le toit de tôle, déclare Anne.

— On a quatre belles saisons au Québec, mais on n'a pas cette fabuleuse saison des pluies du Mali, ajoute son mari.

Chez les Coulibaly, la maman de Yaya prépare le repas du soir dans la case enfumée. Elle tousse. Le bébé, accroché sur son dos, tousse aussi. Des gouttes d'eau tombent du toit qui coule. Yaya place une casserole sous le filet d'eau.

Moussa Coulibaly rentre des champs, épuisé et trempé. Devant la casserole à demi remplie d'eau, il fronce les sourcils.

— Il faudra réparer le toit demain, dit-il.

Yaya sort son harmonica et entame *Vive le vent d'hiver*. Les sœurs de Yaya tapent des mains et sa mère se met à chantonner en bambara. Son père sourit.

13

Pas sans Yaya !

Comme tous les jours depuis son arrivée au Mali, Luca pose sa question – LA question la plus importante – à son père.

— Quand est-ce qu'on va voir les zippopos ?

Et ce matin, alors que Luca ne s'y attend pas, son père répond :

— Demain.

Son fils s'étouffe sur sa bouchée de pain.

— Quoi ?!

Louis Landry prend une banane et la place devant sa bouche, en guise de micro :

— Mesdames et Messieurs, j'ai l'immense plaisir de vous annoncer que demain, nous irons enfin voir ces fameux « zippopos », ces célèbres chevaux du fleuve.

Luca tambourine à deux mains sur la table puis demande :

— Je peux inviter Yaya ?

— Bien sûr, répond sa mère.

Luca se précipite chez les Coulibaly, où Yaya rassemble le troupeau de chèvres.

— On va au fleuve Niger demain ! Et tu viens avec nous !

Yaya évite le regard de son copain.

— As-tu compris, cervelle de moustique ?

— Je ne peux pas y aller.

— Pourquoi ?

— Qui amènera les chèvres en brousse ? Qui fera mes corvées ?

Luca s'impatiente :

— Quelqu'un d'autre peut certainement s'en occuper !

Yaya secoue la tête.

— Je suis l'aîné. Mes sœurs sont trop jeunes.

— Mais on s'était promis d'aller voir les zippopos ensemble.

Yaya soupire.

— Mes parents ont besoin de moi.

Luca donne un coup de pied et fait voler une roche. Sans un mot de plus, il file vers la sortie du village. Il ne peut pas — ne veut pas — aller voir les zippopos sans Yaya. Pourquoi? Eh bien, parce que:

- Yaya lui a fabriqué le plus beau des lance-pierre.
- Yaya l'a accompagné en brousse en pleine nuit.
- Yaya accepte comme ami un toubabouni qui a peur des lézards.

Arrivé au champ de mil de la famille Coulibaly, Luca fait trois fois le tour sans oser s'approcher. Il n'a pas reparlé à Moussa depuis la désastreuse sortie de nuit. Le fermier aperçoit enfin le petit Blanc et lui fait signe de venir. Le père de Yaya a l'air fatigué et soucieux. Tant pis. Luca n'a pas le temps d'attendre un meilleur moment. Il s'approche et déballe d'une traite sa demande :

— Je sais que tout le monde travaille fort pendant la saison des pluies, mais pourriez-vous faire une petite exception ? Si vous laissez Yaya venir voir les hippopotames avec moi aujourd'hui, après nous travaillerons beaucoup pour rattraper le temps perdu. Dites oui, s'il vous plaît ! S'il vous plaît... répète-t-il dans un murmure.

Moussa Coulibaly n'est pas certain d'avoir compris ce long discours débité à cent kilomètres à l'heure.

— Yaya veut aller en voyage ?

— Une toute petite journée, supplie Luca.

— Il a déjà eu congé à cause de sa piqûre de scorpion. Il y a les chèvres et les…

Un grondement lointain interrompt Moussa Coulibaly. Une goutte d'eau s'écrase sur sa joue. La pluie s'abat sur eux, telle une douche tiède et imprévue.

Moussa Coulibaly étend les bras et s'exclame joyeusement :

— Enfin !

Luca ne dit rien. Il attend une réponse.

— De bonnes pluies amènent de bonnes récoltes, explique le fermier.

Devant l'air anxieux du garçon, il ne peut s'empêcher de rire.

— Tu t'en fiches bien de la pluie… Alors c'est oui.

Le garçon n’en croit pas ses oreilles.

— Yaya peut venir ?

— Oui, répète le fermier.

— Merci ! Merci ! crie Luca, qui repart en vitesse annoncer l'heureuse nouvelle à Yaya.

En courant vers le village, il lève la tête vers le ciel et crie à son alliée :

— Merci à toi aussi, la pluie !

14

Des vagues dans l'estomac

Dans le véhicule tout-terrain, en route vers le fleuve Niger, Anne sort des gâteries. Trop énervé pour manger, Luca ne touche à rien. Il feuillette son livre sur les hippopotames et n'arrive pas à croire qu'il les verra aujourd'hui, en chair et en os.

Tout aussi excité, Yaya gobe des jujubes sans s'arrêter. En un rien de temps, il a vidé le sac à lui tout seul. Il étanche sa soif en buvant d'une traite sa bouteille de boisson gazeuse.

Toutes les dix minutes, Luca demande :

— On arrive dans combien de temps ?

Son père lui ordonne de « changer de refrain ». Lorsqu'ils aperçoivent le fleuve Niger, Luca s'écrie : « Enfin ! » Yaya s'étonne : « Déjà ? »

Louis Landry fait des arrangements avec le conducteur d'une pinasse à moteur. En voyant l'embarcation qui se balance doucement sur l'eau, Yaya chuchote à Luca :

— Je ne sais pas nager…

— Pas de danger. Cette grosse barque ne se renversera pas, réplique le jeune Canadien, comme s'il avait vécu toute sa vie au bord du fleuve Niger.

Yaya tripote nerveusement son harmonica dans la poche de son t-shirt.

— Mon père dit que, de temps en temps, les hippopotames chargent les pêcheurs. Parfois, des gens meurent.

Luca demande d'un ton moqueur :

— As-tu peur ?

Yaya ignore la question et se dirige vers l'embarcation.

Les adultes s'installent sous la natte en paille pour se protéger du soleil. Luca prend le premier banc à l'avant du bateau. Yaya choisit le banc derrière celui d'Anne. Une fois assis, il agrippe de toutes ses forces les rebords de la pinasse.

Avant de démarrer le moteur, Mamadou, leur conducteur, fait ses recommandations.

— Il ne faut pas vous lever ou vous pencher à l'extérieur du bateau. Quand nous approcherons des hippopotames, je vous demanderais de ne pas parler trop fort. Si je dis « On s'éloigne », pas de protestations. L'hippopotame est imprévisible et se fâche vite. Il cause plus de morts humaines que tous les autres animaux d'Afrique.

Luca l'interrompt :

— Les nouvelles mamans sont les plus dangereuses.

— Tu as raison, dit Mamadou. Bien des accidents surviennent quand un bateau se retrouve entre une mère et son bébé… C'est présentement la période où les petits naissent, alors il faut être encore plus prudent.

Filant doucement sur l'eau, la pinasse croise des pêcheurs qui tendent leurs filets. Le long de la rive, des femmes lavent leurs vêtements tandis que des zébus pataugent non loin. Anne s'exclame de plaisir devant la multitude d'oiseaux. Elle voit :

- Des mange-mil rouges.
- Des martins-pêcheurs bleus.
- Des hérons gris.

Mamadou leur montre des jardins où bêchent des enfants.

— La semaine dernière, des tomates, des carottes et des oignons poussaient là. Mais les hippopotames sont venus pendant la nuit et ont tout mangé. Les gens ne peuvent rien faire. Comme les hippopotames sont en voie d'extinction, c'est défendu de les chasser.

— Si personne ne peut les tuer, de quoi meurent-ils alors ? demande Luca.

— À la saison sèche, le niveau de l'eau baisse et il y a moins d'herbe à manger. Beaucoup d'hippopotames meurent de malnutrition, de chaleur et de maladies, explique Mamadou.

Luca gigote sur son banc :

— Où sont-ils ? demande-t-il pour la centième fois.

— Patience, répond son père.

— Assieds-toi, s'il te plaît, mon Lulu, dit sa mère.

— Je ne suis pas ton Lulu, marmonne son fils.

Yaya a la tête qui tourne. Il se demande où finit le bleu de l'eau et où commence le bleu du ciel. Il pense à sa mère qui n'a jamais vu le fleuve. Il voudrait qu'elle soit là.

Tout à coup, Luca se lève brusquement et crie :

— Là-bas ! Regardez !

Yaya sursaute.

— Luca ! Je t'ai demandé de ne pas te lever, répète sa mère.

— Fausse alerte. Ce n'est qu'un tronc d'arbre, annonce Louis.

Mamadou rigole. Yaya, lui, ne rit pas. Dents serrées, visage tendu, il regarde fixement devant lui.

Trente minutes plus tard, toujours aucun signe du cheval du fleuve. Luca soupire :

— Si seulement j'avais des poumons aussi gros que ceux des zippopos, je pourrais, comme eux, rester trente minutes sous l'eau.

Yaya ne répond pas. Lorsque la pinasse s'engage dans un coude du fleuve, Mamadou frappe sur le côté du bateau avec sa rame.

— Pourquoi faites-vous ça? demande Luca.

— Pour ne pas surprendre les hippopotames. S'ils sont de l'autre côté du tournant, ils nous entendront venir et auront le temps de s'éloigner. Comme ça, ils ne sentiront pas leur sécurité menacée.

Malgré le soleil ardent, Yaya frissonne. Il imagine une mère hippopotame en colère, fonçant vers leur pinasse et la renversant d'un coup de son énorme croupe. Même si le fleuve est calme, il sent des vagues dans son estomac. Soudain, Yaya se penche par-dessus bord et vomit tous les jujubes qu'il a avalés une heure plus tôt.

— Mon pauvre Yaya ! s'exclame Anne, en lui tendant son mouchoir et une bouteille d'eau. Tu trembles comme une feuille. Ramenez-nous au quai. Nous vous attendrons dans la voiture.

— Il ne peut pas partir ! On n'a pas vu un seul hippopotame ! s'écrie Luca.

— Je ne suis pas malade, proteste Yaya d'une voix faible.

Au même instant, Mamadou coupe le moteur, lève le bras et pointe au loin :

— Regardez !

15

Un homme à la mer !

Au loin, une énorme tête coiffée de deux oreilles minuscules apparaît à la surface du fleuve. Puis deux. Puis trois. Les hippopotames remontent à la surface pour respirer. Il doit y en avoir une dizaine. Tout un troupeau !

Un des hippopotames bâille. Sa gueule s'ouvre sur une immense caverne rose.

— C'est peut-être le chef ? s'écrie Luca. S'il sortait un peu de l'eau, on pourrait voir s'il a des cicatrices.

— Quelles cicatrices ? demande sa mère.

— Le chef hippopotame a beaucoup de cicatrices, car il doit se battre avec les autres mâles pour prouver qu'il est le plus fort.

— Tu en sais des choses, mon Lulu, dit sa mère.

— On peut s'approcher plus près ? demande le garçon.

— Ces hippopotames peuvent courir à 20 kilomètres à l'heure

sous l'eau. Mieux vaut garder nos distances, répond Mamadou en sortant une longue perche.

Il la pique dans le fond du fleuve et pousse pour faire avancer le bateau.

— Regardez, à droite, une mère et son petit, s'écrie Louis, en sortant son appareil photo.

Tout excité, Luca se précipite à l'arrière de la pinasse pour mieux voir. En passant, il bouscule Yaya, toujours penché par-dessus bord. Le jeune Malien pousse un hurlement.

— Hein ? Quoi ? demande Luca, interloqué.

Yaya se jette à l'eau. Luca se met à crier :

— Yaya ne sait pas nager !

Mamadou réagit rapidement et lance un gilet de sauvetage dans l'eau. Yaya réussit à l'agripper. Louis saisit le bras de son fils :

— Assieds-toi, Luca ! Yaya ne peut pas se noyer. L'eau n'est pas assez profonde.

Mamadou tend la perche à Yaya, mais le garçon tourne le dos à la pinasse. Un bras enfilé dans le gilet de sauvetage, il plonge la tête sous l'eau.

— Yaya, prends la perche immédiatement ! ordonne Louis.

— Mais qu'est-ce qu'il fabrique ? demande Anne, angoissée.

Mamadou crie en bambara. Yaya ignore leurs appels et continue de barboter dans le Niger. Alors que Louis s'apprête à sauter dans l'eau pour repêcher le garçon, celui-ci remonte à la surface.

— Je l'ai ! lance-t-il, triomphant, en brandissant son harmonica.

Le garçon saisit enfin la perche et laisse Mamadou le tirer vers la pinasse. Une fois remonté à bord, Yaya s'écroule sur un banc, épuisé. Anne l'aide à enlever sa chemise mouillée.

— Tu nous as fait peur, le gronde-t-elle.

Yaya baisse la tête et répond, tout bas :

— Pardon. Mais... je ne pouvais pas laisser le fleuve me voler mon harmonica...

Luca l'interrompt :

— C'est ma faute. J'ai bousculé Yaya en changeant de banc. C'est à cause de moi si l'harmonica est tombé dans l'eau.

— Vous avez été imprudents tous les deux, tranche Louis d'un ton sévère. Allez, Mamadou, on rentre.

Le conducteur démarre le moteur et dirige la pinasse vers la grève. Luca voudrait bien que la promenade sur le fleuve se prolonge, mais devant l'air fâché de ses parents, il n'ose pas protester.

Sur le chemin du retour, le silence règne dans la voiture. Si quelqu'un prenait une photo de la famille Landry, voici ce qu'on y verrait :

- Le père fronce les sourcils (d'un air irrité).
- La mère fronce les sourcils (d'un air attristé).
- Le fils fronce les sourcils (d'un air embarrassé).

Quant à Yaya, il se sent soulagé d'avoir quitté la pinasse et retrouvé le plancher des vaches. Il est toutefois désolé d'avoir ruiné la randonnée sur le fleuve. Il se penche vers Luca et murmure :

— Tu n'aurais pas dû m'inviter. J'ai tout gâché.

Luca lui donne une pichenette sur l'épaule :

— Arrête de dire n'importe quoi. Je ne serais pas venu sans toi, cervelle de moustique.

— Au moins, j'ai repêché mon harmonica. Et toi, tu as enfin vu tes zippopos. C'est tout ce qui compte, non ?

Luca secoue la tête et fait signe que non.

— Ce qui compte, c'est que tu ne sois pas mort noyé.

16

Un désert,
un océan,
des centaines
de forêts
et des milliers
de rivières

Une semaine plus tard, la nouvelle école de Sanankoroba a un toit, des portes et des fenêtres. Luca et Yaya sont chargés de peindre les volets en bleu indigo. Fiers de cette grande responsabilité, ils s'appliquent pour faire du beau boulot.

Lorsqu'ils ont terminé, Louis Landry referme le pot de peinture et envoie les garçons laver leur matériel. Luca se tourne vers Yaya et lui donne un coup de pinceau sur la jambe.

— Hé ! Tu as une maladie mortelle! Ta peau vire au bleu, dit-il en pouffant de rire.

Yaya réplique en lui balayant son pinceau dans le cou.

— Tu es encore plus malade que moi !

Luca se venge avec un coup sur la joue. Yaya, lui, vise la jambe mais frappe le bras. Et vlan! sur l'épaule ! Et revlan ! sur une cuisse ! Yaya se sauve en rigolant. Brandissant son pinceau, Luca le poursuit en criant comme un gorille. Yaya se laisse tomber dans l'herbe et son ami se jette sur lui. Ils se tordent de rire. Les voilà tous deux couverts de taches bleues.

Louis prend une photo des deux rigolos.

— Sanankoroba a maintenant des jumeaux indigo, dit Zoumana Traoré.

— Ouais... deux jumeaux un peu idiots, rajoute Anne en secouant la tête. Comment je vais faire pour nettoyer vos vêtements ?

Yaya examine les marques bleues de Luca, puis les siennes et s'exclame :

— On se ressemble !

— On est comme deux frères, ajoute Luca, tout fier.

Le lendemain, le village au complet se réunit sur la place principale pour célébrer la nouvelle école maintenant terminée. Zoumana Traoré a tué un des moutons de son troupeau en vue du festin. Le chef de Sanankoroba a soigneusement lissé sa barbichette blanche et préparé un discours de remerciement.

Les musiciens sortent leurs balafons et leurs djembés. Vêtues de leurs plus beaux boubous, les femmes se mettent à danser en rond.

— Viens danser, mon Lulu ! crie Anne.

Luca lève les yeux au ciel et tourne le dos à sa mère. Yaya non plus n'a pas envie de danser.

Les femmes de Sanankoroba ont préparé assez de nourriture pour nourrir un troupeau d'éléphants :

- Des montagnes de couscous.
- Des marmites remplies de bananes plantain frites.
- Un mouton rôti… avec la tête !

Luca grignote sans appétit une banane plantain. Yaya non plus n'a pas le cœur à la fête. Il contemple la nouvelle école, qui a fière allure avec ses volets bleus et son toit de tôle grise. Il se surprend à souhaiter que l'un des murs s'écroule.

Cela retarderait le départ de la famille Landry…

— Entre l'Afrique et le Québec, il y a un désert, un océan, des centaines de forêts et des milliers de rivières, dit Luca d'un ton morose.

— Ça ne nous empêche pas de rester amis, répond Yaya.

Lors de son dernier matin africain, Luca ne saute pas hors du lit quand le coq cocoricote. Il n'a pas envie de rentrer chez lui. Pas envie de retourner à l'école. Pas envie de quitter son ami du Mali.

— On ne pourrait pas rester une semaine de plus ? demande-t-il à ses parents.

— Je dois aller décharger ton grand-père, qui s'est occupé de la ferme pendant mon absence, répond Louis. Et j'ai très envie de prendre une vraie douche.

— Et moi, j'ai très envie de faire pipi dans une vraie toilette, sans crapaud, dit sa mère pour détendre l'atmosphère.

Devant la mine maussade de son fils, elle ajoute :

— On reviendra l'été prochain.

— L'été prochain, c'est tellement loin, bougonne Luca.

Les bras croisés, Yaya regarde Louis Landry empiler les valises dans le véhicule tout-terrain.

— Ma mère a promis qu'on reviendrait l'été prochain, dit Luca.

— L'été prochain, c'est tellement loin, répond Yaya, d'une toute petite voix.

Luca lui donne une pichenette sur l'épaule.

— Ça te donne du temps pour apprendre à jouer *Vive le vent d'hiver* sans fausse note, cervelle de moustique.

Yaya redonne la pareille à Luca.

— Et ça te donne du temps pour te pratiquer au lance-pierre. Tu n'arrives même pas à toucher un zébu à trois mètres devant. Cervelle de moustique toi-même !

Les deux garçons font un vaillant effort pour rire de leurs blagues, mais leurs sourires tremblants ressemblent à une grimace.

Lorsque le véhicule tout-terrain quitte le village, Luca ne regarde pas derrière lui. Pas question de se mettre à pleurer comme un bébé. Par la fenêtre, il entend Yaya entonner *Vive le vent d'hiver* à l'harmonica. Les notes s'élèvent, grinçantes et maussades dans le ciel gris de Sanankoroba.

17

Une lettre qui n'arrive pas

Un mois après le départ de Luca, Yaya reçoit un paquet du Canada. Son copain lui envoie des bonbons à l'érable et trois photos :

- La première montre son troupeau de chèvres.
- La deuxième montre les hippopotames du fleuve Niger.
- La troisième montre Luca et lui, bariolés de bleu indigo.

Luca lui écrit :

20 septembre

Allo Yaya,

Tous mes copains veulent un lance-pierre comme le mien. Mais à Sainte-Élisabeth, on n'a pas de bois d'eucalyptus ni de vieux pneus d'avion. J'ai proposé aux gars de jouer au foot pieds nus dans la boue. Ils n'ont pas voulu. J'ai proposé à mon père de peindre ma chambre en bleu indigo. Il n'a pas voulu. J'ai proposé à ma mère de manger nos repas avec les mains. Elle n'a pas voulu.

Je pense souvent à Sanankoroba, surtout pendant le cours de mathématiques.

Tiens-toi loin des scorpions.

Écris-moi, cervelle de moustique!

Ton ami,

Luca.

Yaya voudrait bien répondre à Luca. Il le voudrait vraiment. Mais il n'a ni crayon, ni papier, ni enveloppe, ni timbre. Et ses parents n'ont pas d'argent pour en acheter.

Yaya monte sur le toit de sa case et sort son harmonica. Sous les étoiles étincelantes, il joue *Vive le vent d'hiver*. Les notes s'élèvent, claires et justes. Yaya espère que le vent portera sa musique par-dessus le désert, l'océan, les centaines de forêts et les milliers de rivières… jusqu'à son ami Luca.

⚽⚽⚽

À Sainte-Élisabeth, le paysage rougit et les feuilles tombent. Puis, la neige tombe et le paysage blanchit. Chaque soir, Luca s'endort avec son lance-pierre sous son oreiller. Chaque soir, en revenant de l'école, il court vérifier la boîte aux lettres. Pas de nouvelles du Mali. Une question tourne et retourne dans sa tête : Yaya l'aurait-il oublié ?

Luca se distrait avec ses crayons de couleur. Il dessine :

- Une colonie de termites affamées.
- Une nuée de moineaux indisciplinés.
- Un troupeau d'hippopotames ensommeillés.

Un matin de janvier, Luca se réveille en grelottant. Il appuie sur le commutateur, mais sa lampe de chevet ne s'allume pas. Par la fenêtre givrée, il voit tomber une pluie drue. Il descend à la cuisine.

— Panne d'électricité, lui annonce sa mère. Ton père est parti chez le voisin emprunter une génératrice pour la trayeuse.

À Sanankoroba, Yaya se réveille en claquant des dents. Même en dormant avec son bonnet sur la tête, son chandail et deux couvertures, il n'arrive pas à garder sa chaleur. Son bras droit, qui lui sert d'oreiller, est tout engourdi. Il se lève et se secoue. Puis, il déjeune en vitesse d'un bol de bouillie de mil froide. Une poule vient picorer à ses pieds.

— Je déteste la saison froide, dit Yaya à voix haute.

Comme il fallait s'y attendre, la poule ne lui répond pas.

Très énervé, Louis Landry revient à la maison et leur annonce la mauvaise nouvelle :

— La génératrice du voisin ne veut pas démarrer. Je vais au village chercher de l'aide. Vite, Luca, habille-toi, je te laisse à l'école en passant.

— Je vous accompagne, dit Anne.

Malgré sa hâte, le père de Luca conduit lentement sur la route gelée. Deux kilomètres avant d'arriver au village, la voiture dérape sur une plaque de glace et glisse doucement dans le fossé. Il faudra une remorqueuse pour la sortir de là.

Exaspéré, Louis s'écrie :

— Quand ça va mal, ça va mal !

La famille Landry parcourt à pied le reste du trajet. Ils avancent avec précaution sur la route transformée en patinoire. Luca ne reconnaît plus la campagne. Une épaisse croûte de verglas couvre les

champs. Des guirlandes de glaçons tirent les fils électriques vers le sol. Une enveloppe de glace entoure les arbres. De gros troncs d'arbres craquent comme des allumettes. Luca a faim et froid. Pour se donner du courage, il siffle *Vive le vent d'hiver*.

Yaya part en trottinant vers la brousse. Courir le réchauffe. Il garde les yeux au sol pour éviter serpents et scorpions. Au bout d'une heure, il n'a trouvé que quelques branchettes. Même pas de quoi chauffer la famille pour une nuit. Yaya a faim et froid. Pour se donner du courage, il sort son harmonica. Mais le froid a engourdi ses lèvres et ses doigts. Il n'arrive pas à jouer.

À Sainte-Élisabeth, l'école est fermée. Les magasins aussi. La tempête de verglas a frappé toute la région. Devant l'inquiétude de son père, Luca n'ose pas se réjouir de son congé inattendu.

— Qu'est-ce qui arrive si on ne trait pas les vaches ? demande-t-il à sa mère.

— C'est douloureux pour les bêtes et il y a des risques d'infection. Si on arrête de traire les vaches, au bout de quelques jours, elles cesseront de produire du lait.

Après avoir frappé à plusieurs portes, Louis réussit enfin à trouver une génératrice et un fermier serviable pour sortir sa voiture du fossé. De retour à la ferme, il s'empresse de se rendre à l'étable. Luca s'active à transporter dans la maison des bûches pour le poêle à bois. Ensuite, il aide sa mère à faire cuire le macaroni sur le réchaud de camping.

Le soir venu, l'électricité n'a toujours pas été rétablie. La pluie continue de tomber et le verglas n'en finit plus de s'étendre. Afin de préserver la chaleur, Anne Landry accroche une couverture de laine devant la porte de la salle familiale. Puis elle sort la lampe-tempête. Luca regarde les ombres danser sur les murs.

— Ça me rappelle notre Case de l'Amitié, dit sa mère.

Luca ne répond pas. Il ne veut pas qu'on lui parle de Sanankoroba. Il ne veut pas penser à Yaya qui ne lui écrit pas…

18

Frustré, déçu, trahi

Zoumana Traoré, le chef de Sanankoroba, convoque les villageois sous l'arbre à palabre.

— J'ai une mauvaise nouvelle à vous annoncer. Une tempête terrible paralyse le Québec. Des gens sont morts de froid. Je l'ai entendu à la radio.

Les villageois poussent des exclamations horrifiées. Ils connaissent la sécheresse qui brûle tout. Ils connaissent la pluie qui noie tout. Mais le froid qui gèle tout, la glace qui s'étend partout, ça, ils ne connaissent pas ! Quel cauchemar !

Yaya pense à l'invasion de sauterelles qui a détruit les récoltes il y a quelques années. Les gens n'avaient plus rien à manger. Yaya se souvient encore de son ventre vide qui gargouillait. Il se demande si Luca a faim…

Le chef tripote nerveusement sa barbichette. Il réclame le silence et poursuit son discours :

— Comme vous le savez, nos amis de Sainte-Élisabeth nous aident depuis vingt ans. Grâce à eux, nous avons des charrues pour nos champs, une clinique pour nos malades, une école neuve pour nos enfants. À notre tour de les aider maintenant.

Le silence tombe sur l'assemblée. Chacun ressasse ses propres soucis : la réserve de mil qui baisse trop vite, la petite dernière qui n'arrête pas de tousser, le toit de la case qu'il faut réparer... Finalement, un vieux fermier lève la main :

— Je vais donner.

— Comptez sur moi, ajoute un deuxième.

Plusieurs autres fermiers promettent eux aussi d'aider. Inquiet, Yaya guette la réaction de son père. Moussa Coulibaly ne lève pas la main.

Au Québec, la pluie verglaçante continue de tomber et les dégâts s'aggravent. La glace s'accumule sur les fils électriques. Les pylônes se tordent et s'effondrent sous le poids du verglas. Des centaines de milliers de personnes sont sans électricité et sans chauffage.

Luca passe l'avant-midi à casser la glace accumulée sur le perron et dans l'entrée de la cour. Anne Landry revient bouleversée d'une promenade sur les terres du voisin.

— Tous ces érables brisés… Il faudra des années pour que l'érablière se rétablisse.

Luca s'inquiète pour les fermiers, leurs troupeaux, les arbres, les animaux qui meurent sous la neige. Il tourne en rond dans la cuisine, ne sachant pas comment s'occuper. Il ne peut ni regarder la télévision ni jouer à l'ordinateur. Ses copains sont dispersés dans la parenté, en ville, là où il y a encore de l'électricité. Il a hâte que le courant revienne.

— L'été dernier, à Sanankoroba, on n'avait pas d'électricité. Tu t'es pourtant amusé comme un prince, dit sa mère.

— Ne me parle pas de Sanankoroba! grogne son fils.

En pensant au Mali, Luca sent gonfler sa colère. Voilà plus de cinq mois qu'il a envoyé sa lettre à Yaya. Pas la moindre réponse. Ce même Yaya qui déclarait qu'ils resteraient amis, malgré le désert, l'océan, les centaines de forêts et les milliers de rivières entre eux ! Luca se sent à la fois :

- Frustré.
- Déçu.
- Trahi.

Le garçon prend le lance-pierre caché sous son oreiller, puis enfile son manteau et ses bottes. Dehors, tout est encore gelé. Crac ! Crac ! Crac ! Ça le soulage de donner des coups de pied dans la croûte de glace. Derrière la grange, Luca jette son lance-pierre sur le tas de fumier.

Yaya attend que son père ait terminé sa bouillie de mil. Lorsque Moussa a avalé sa dernière bouchée, son fils pose la question qui le tourmente depuis deux jours :

— Est-ce qu'on va aider la famille de Luca ? Sainte-Élisabeth a été très touchée par le verglas…

Moussa Coulibaly soupire :

— Les médicaments pour la pneumonie de ta sœur ont coûté très cher. Et le nouveau bébé arrive bientôt. Je n'ai même pas de quoi payer la sage-femme.

Yaya a compris. Il n'insiste pas.

Au cinquième jour de la tempête du siècle au Québec, Louis Landry ferme le robinet principal de la

maison, pour éviter que l'eau gelée fasse exploser les tuyaux. Impossible désormais de dormir dans la maison, devenue aussi froide qu'un congélateur. La nuit venue, la famille de Luca se rend à l'école de Sainte-Élisabeth, transformée en refuge communautaire. Plusieurs personnes ont déjà étendu leurs sacs de couchage dans le gymnase. Luca s'allonge entre ses parents. Soupirs et ronflements s'élèvent autour de lui. Un poupon pleurniche dans un coin. Tous ces bruits empêchent Luca de dormir. Il voudrait sa chambre silencieuse, son matelas moelleux, son doux duvet.

Yaya se tourne et se retourne sur sa natte de paille. D'habitude, les gigotements de sa petite sœur et la respiration sifflante de sa grand-mère le réconfortent. Pas ce soir. Yaya n'arrive pas à s'endormir. Il se demande si la glace a recouvert la ferme des Landry. Il se demande si Luca a les sourcils givrés et des glaçons au menton. Il se demande comment faire pour aider son ami.

Toute la nuit, il cherche une solution. Quand le soleil se lève enfin, Yaya n'a pas trouvé le sommeil. Mais il a trouvé une idée.

19

Des sous pour de la poutine

Le jour suivant, Yaya accompagne sa mère à la ville voisine. Elle va au grand marché pour y vendre ses mangues. Après l'avoir aidée à s'installer, Yaya fait le tour des étalages et observe les marchandes. Il cherche celle qui semble la plus riche.

Il s'arrête finalement devant la marchande de casseroles. Elle porte un boubou brodé, de grosses boucles d'oreilles et trois colliers. Yaya sort son harmonica et caresse doucement le métal lisse.

Pour son ruine-babines, il a enduré une piqûre de scorpion. Pour son ruine-babines, il a sauté dans le fleuve Niger, risquant la noyade et les dents en couteaux des hippopotames. Avec son ruine-babines, il a fait chanter sa mère et sourire son père.

Yaya a chaud et froid en même temps. Il a envie de s'enfuir en courant. Mais il se force à penser à la tempête de verglas, à la glace qui fait des ravages, à la famille Landry qui a peut-être perdu son troupeau, à Luca qui a peut-être faim.

Yaya porte son harmonica à ses lèvres. Même s'il n'a pas le cœur à rire, il joue son air le plus gai, *Vive le vent d'hiver*. Sans hésitation, sans aucune fausse note, sans manquer de souffle. Il aimerait que Luca l'entende.

Les marchandes cessent de papoter et se tournent vers lui. Toutes l'écoutent. Lorsque Yaya termine son morceau, elles applaudissent. Le garçon prend une grande respiration et s'approche de la marchande de casseroles :

— Voulez-vous acheter mon harmonica ?

— Pourquoi pas ? Ça amusera mon fils ! répond la femme au boubou brodé.

En rentrant à Sanankoroba, Yaya traîne les pieds derrière sa mère. Il ne veut pas qu'elle voie sa peine. Le bout de canne à sucre qu'il grignote ne lui enlève pas le goût des larmes. Yaya se sent à la fois :

- Triste de ne plus avoir de ruine-babines.
- Fier de son geste.
- Content de pouvoir enfin aider Luca.

Yaya enfonce sa main dans sa poche et serre les billets de la marchande de casseroles. Pour chasser son chagrin, il siffle *Vive le vent d'hiver*.

Au bout de deux semaines, l'électricité revient à Sainte-Élisabeth. Enfin ! Les maisons se réchauffent. Le temps s'adoucit. La glace fond. Les arbres s'étirent et soupirent de soulagement. Luca retrouve son lit, sa télé, son ordinateur, ses copains et l'école.

Un jour de mars, alors que Luca ne l'attendait plus, arrive enfin une lettre du Mali. La lettre a traversé un désert, un océan, des centaines de forêts et des milliers de rivières. Elle contient de l'argent – quelques billets – et un dessin au crayon à la mine. Yaya a illustré deux garçons qui peignent des volets. Dans sa lettre, il écrit :

17 mars

Cher Luca,

J'espère que personne n'est mort de froid à Sainte-Élisabeth. J'espère que le verglas n'a pas tué le troupeau de ton papa. J'espère que tu peux manger à ta faim. J'ai mis du temps à répondre, car je devais trouver de l'argent. J'ai réussi. Voici des sous pour t'acheter de la poutine.

Je voulais dessiner des jumeaux indigo, mais je n'avais pas de crayon bleu.

Écris-moi, cervelle de moustique!

Ton copain de Sanankoroba,

Yaya.

Luca court vite derrière la grange. Il s'empare d'une fourche et fouille dans le tas de fumier. Il remue et creuse profondément. Ça pue, mais il continue. Soudain : hourra ! Luca sort son lance-pierre du tas. Il le nettoie soigneusement avec une poignée de neige.

De retour dans la cuisine, Luca s'empare du calendrier accroché au mur. Il compte les jours : cent ! Dans cent jours, il prendra l'avion pour le Mali. Cent jours avant de revoir Yaya.

Ce soir-là, Luca glisse le lance-pierre sous son oreiller. Ça sent un peu le fumier. Tant pis. Demain, il creusera sous la neige pour trouver des cailloux.

FIN

Entre le vrai et l'inventé : un village africain au secours d'un village québécois

Où sont passés les zippopos ? est une histoire inventée. Luca et Yaya sont des personnages sortis tout droit de mon imagination. Les villages de Sainte-Élisabeth et de Sanankoroba ne sont pas exactement comme je les ai décrits, mais ils existent réellement.

Lors de la tempête de verglas, en 1998, les habitants de Sanankoroba, au Mali, ont posé un magnifique geste de solidarité. Ils ont envoyé un don de 100 $ aux habitants de Sainte-Élisabeth, au Québec. Leur cadeau était d'autant plus généreux qu'ils habitent l'un des pays les plus pauvres du monde.

En allant sur le site Internet de Maglecture junior, tu pourras d'ailleurs lire l'article publié à ce sujet dans le journal *L'Expression de Lanaudière*, le 15 mars 1998.

Depuis plus de 20 ans, une belle solidarité unit ces deux villages, séparés par des milliers de rivières, des centaines de forêts, un océan et un désert. Cette grande aventure commence en 1985 par un échange étudiant. Des amitiés se créent et donnent naissance à un jumelage. Des fermiers de Sainte-Élisabeth cultivent bénévolement un champ d'orge, dont les profits servent à aider leurs amis de Sanankoroba. Deux décennies et plusieurs projets plus tard, le jumelage entre les deux villages dure encore.

Fiches d'exploitation pédagogique

Vous pouvez vous les procurer sur notre site Internet à la section jeunesse / matériel pédagogique.

www.quebec-amerique.com

Achevé d'imprimer au Canada
en janvier 2009
sur les presses de Imprimerie Lebonfon
Val-d'Or (Québec)

PROTÉGEONS NOS FORÊTS

L'impression de cet ouvrage a permis de sauvegarder l'équivalent de 15 arbres de 15 à 20 cm de diamètre et de 12 m de hauteur.